2

9

15

W0214869

JASMIN LEHMANN

MEIN ADVENTSKALENDER-BACKBUCH für Potterheads & Friends

MIT 24 SÜßEN ÜBERRASCHUNGEN AUS DER ZAUBERWELT

EMF

EIN BUCH DER
EDITION MICHAEL FISCHER

Inhaltsverzeichnis

Vorwort

Es gibt diese spezielle Art von Geschichten, die einen sofort in ihren Bann ziehen und nicht mehr loslassen. So eine Geschichte ist die von Harry und seinen Freunden. Und gleichzeitig ist sie viel mehr als das. Denn wer wünscht sich nicht, endlich seinen eigenen Hogwarts-Brief in den Händen zu halten, mit Hagrid durch London zu schlendern oder eine Partie Zauberschach zu spielen?

In diesem Buch tauchen wir ein wenig mehr in die magische Welt ein und versüßen uns die Vorweihnachtszeit. 24 Türchen warten darauf, von dir geöffnet, und 24 zauberhafte Backrezepte darauf, erforscht zu werden. Gemeinsam gehen wir auf eine kulinarische Reise: Wir essen knusprige Kürbispasteten im Hogwarts-Express und machen einen Zwischenstopp in Hogsmeade, um im Honigtopf Butterbier-Fudge zu naschen. Abends treffen wir uns zum Festessen im Hogwarts-Speisesaal, wo Berge an Siruptörtchen und Kesselkuchen wie von Zauberhand aufgetischt werden.

Diese Leckereien kannst du nun selbst probieren. Dir den köstlichen Duft von ofenwarmen Gebäck in die heimische Küche holen, bei welchem selbst Mrs. Weasley ins Schwärmen geraten würde. Ganz egal, wen du mit diesen süßen Backideen verzaubern möchtest, ich wünsche dir viel Freude beim Öffnen der Türchen und Durchstöbern des Buches (am besten mit einer dampfenden Tasse heißer Butterbierschokolade in der Hand).

Deine JASMIN

Grundlagen

Zubehör

BACKFORMEN

Um verschiedene Gebäckstücke zubereiten zu können, benötigst du unterschiedliche oder bestimmte Backformen. Schau vor dem Backen nach, ob in deiner Küche eine solche Form vorhanden ist. Vielleicht hast du aber auch eine passende Alternative dafür. Hier einmal die Formen, die du benötigst: Backbleche, Springform (Ø 26 cm), Kastenkuchenform, Muffinblech und kleine Törtchenformen. Eine Frosch-Pralinen-Form solltest du auch bereithalten.

KÜCHENGERÄTE

Zum Backen brauchst du folgende Küchengeräte: Handrührgerät mit Rühr- und Knethaken, verschiedene Rührschüsseln, Waage, Schneebesen, Kochlöffel aus Holz oder Plastik, Silikonspatel, feine Reibe für Zitrusfrüchte, Schneidebrett, Topf und Metallschüssel.

PAPIERFÖRMCHEN, BACKPAPIER UND CO.

Für Backbleche und Springformen brauchst du einfaches Backpapier. Papier-Muffinförmchen in verschiedenen Größen und Farben kannst du je nach Vorliebe verwenden. Auch darf Frischhaltefolie nicht fehlen. Um deine Backwerke schön zu dekorieren oder zu füllen, sind Spritzbeutel sehr hilfreich. Du kannst aber auch einen Gefrierbeutel hernehmen, eine Ecke abschneiden und so verwenden.

HINWEIS FÜR KINDER

Wenn du noch nicht so küchenerfahren bist, frag deine Eltern um Hilfe. Lass dir auch bei heißen Blechen und Kuchenformen oder beim Kochen auf dem Herd von deinen Eltern helfen. Sei vorsichtig im Umgang mit Messern! Hier sollte immer ein Erwachsener dabei sein. Das Hacken von Schokolade oder Zerteilen von großen Zutaten sollst du auch von deinen Eltern erledigen lassen.

Zutaten

MEHL

Als Basis für fast alle Rezepte darf Mehl natürlich nicht fehlen. Das feine Pulver gibt es von verschiedenen Getreidearten und auch in unterschiedlichen Typen zu kaufen, doch für diese Rezepte brauchst du hauptsächlich Weizenmehl Type 405. Falls eine andere Sorte Mehl verwendet wird, ist dies angegeben. Du kannst aber auch Weizen- gegen Dinkelmehl austauschen. Das klappt ohne Probleme.

ZUCKER

Süß backen ohne Zucker ist wie Winter ohne Schnee. Man kann auch ohne, doch es versüßt uns das Leben! Feiner weißer Zucker ist zum Backen ideal, doch du kannst auch Rohrzucker verwenden. Puderzucker ist leicht löslich und bei feinen Backwaren die bessere Wahl. Auch Honig und Ahornsirup solltest du im Haus haben, denn sie geben tollen Geschmack ab und toppen das ein oder andere Gebäck mit ihrer klebrigen Konsistenz.

ZIMT

Als das typische Gewürz der Weihnachtszeit ist Zimt unersetzlich. Auch in Hogwarts ist das Gewürz eine wunderbare Zutat, die die große Halle mit ihrem Duft erfüllt. Du solltest Zimt gemahlen und als Stange dahaben.

VANILLE

Vanille darf in der Backstube auch nicht fehlen. Die lange, dunkelbraune Schote gibt ein tolles Aroma, und du kannst sie vielseitig einsetzen. Wenn du keine ganze Schote bekommst, kannst du auch mit Vanilleextrakt backen, und umgekehrt.

WEITERE GEWÜRZE

Neben Zimt und Vanille bringen auch Anis, Muskatnuss, Kardamom oder Lebkuchengewürz eine großartige Note ins Gebäck. Und mit Ingwer kommt ein Hauch von Frische und Schärfe hinzu.

NÜSSE

Nüsse sind tolle kleine Knusperwunder. Sie sind gesund und haben ihren jeweils eigenen Geschmack. Und das Tolle an ihnen ist, wenn du mal eine Sorte nicht magst, kannst du sie einfach durch deine Lieblingsnuss ersetzen.

SCHOKOLADE

Wer liebt sie nicht? Die braunen, leckeren Tafeln lassen Schleckermäuler-Herzen immer etwas höher schlagen. Egal, ob Vollmilch oder Zartbitter, als Glasur oder als Tröpfchen, lass sie dir einfach auf der Zunge zergehen.

Seid gegrüßt!

Sehr geehrte Hogwarts-Schüler,

dieser Adventskalender ist ganz besonders in seiner Art und genauso spannend und vielseitig wie die Tage an unserer Schule für Hexerei und Zauberei. Hinter jedem Türchen versteckt sich eine leckere Überraschung, mit der ihr euch die Vorweihnachtstage in Hogwarts so richtig versüßen könnt. Jedes einzelne Rezept steckt dabei nicht nur voller Magie, sondern bietet auch die perfekte Möglichkeit, um die Wartezeit bis zum Weihnachtsfest zu verkürzen. Die auftrennbaren Seiten gestalten das Adventskalender-Vergnügen dabei noch aufregender. Seid gespannt, welche Leckereien euch erwarten, und öffnet ein Türchen nach dem anderen. Bitte beachtet: Packt die Zauberstäbe ein, denn hier darf nicht geschummelt werden! Unser geschätzter Hausmeister wird dies überprüfen. Und nun ein frohes Warten!

Rezepte

Wo befindet sich das Gleis 9 ¾?

1

1

Tante Petunias

NUSS-NOUGAT-BAISERTRÄUME

6 Stück

4 Eiweiß (Größe M)
50 g Zartbitterschokolade
60 g Nuss-Nougat-Creme
180 g Zucker
1 TL Speisestärke
1 TL Weißweinessig
1 TL Vanilleextrakt
2 Schokoladen-Cookies

So geht's

30 Minuten vor der Zubereitung die Eier aus dem Kühlschrank nehmen und Zimmertemperatur annehmen lassen. Die Schokolade in grobe Stücke brechen und zusammen mit der Nuss-Nougat-Creme über dem Wasserbad schmelzen. Vom Herd nehmen und etwas abkühlen lassen. Den Ofen auf 130 °C (Umluft) vorheizen. Ein Backblech mit Backpapier auslegen.

Das Eiweiß in einer Rührschüssel steif aufschlagen, bis sich erste Spitzen bilden. Den Zucker löffelweise dazugeben, dabei auf mittlerer Stufe weiter schlagen. Das Rührgerät auf die höchste Stufe stellen und so lange rühren, bis sich der Zucker vollständig aufgelöst hat. Dies kann mehrere Minuten dauern. Es sollten sich glänzende, feste Spitzen gebildet haben.

Stärke, Essig und Vanille zugeben und kurz unterrühren. Etwa die Hälfte der Schokomasse auf dem Baiser verteilen und leicht unterheben. Das Baiser mit einem Esslöffel in 6 Portionen auf dem Backpapier verteilen und in die gewünschte Form streichen. Dabei etwas Abstand lassen, da die Baisers im Ofen noch ein wenig aufgehen. Die Temperatur auf 100 °C reduzieren und die Baisers auf mittlerer Schiene für 75–80 Minuten backen. Den Ofen ausschalten und die Baisers bei leicht geöffneter Tür ca. 30 Minuten auskühlen lassen. Anschließend aus dem Ofen nehmen und vollständig abkühlen lassen.

Die restliche Schokoladenmasse nochmals über dem Wasserbad schmelzen und über die Baisers sprenkeln. Die Cookies zerbröseln und über die noch feuchte Schokolade streuen. Die Schokolade trocknen lassen.

LÖSUNG: IM LONDONER BAHNHOF KING'S CROSS, ZWISCHEN DEN GLEISEN 9 UND 10.

Die Baisers kannst du ganz vielfältig belegen. Ob mit frischen Früchten, leckeren Cremes oder Karamell.

Wann bekommt man seinen Hogwarts-Brief?

2

2

Würzige
SCHOKOLADENFROSCH-PRALINEN

8 Stück

100 g Zartbitterschokolade
150 g Vollmilchschokolade
20 g Kokosfett
2 TL gemahlener Zimt
1 Msp. gemahlene Nelken
1 Msp. gemahlenes Piment
Salz
8 Amarettini

Außerdem

1 Schokofrosch-Pralinenform

So geht's

Die beiden Schokoladensorten zusammen mit dem Kokosfett über dem Wasserbad schmelzen. Anschließend die gemahlenen Gewürze mit 1 Prise Salz unterrühren. Die Schokoladenmischung in die Silikonform füllen.

Die Amarettini zerkleinern und über die Schokolade streuen. Im Kühlschrank für mindestens 4 Stunden festwerden lassen. Die Frösche anschließend vorsichtig aus der Form drücken und genießen.

LÖSUNG: ZU SEINEM 11. GEBURTSTAG ERHÄLT MAN DIE EINLADUNG NACH HOGWARTS.

Der Europäische Dachs ist ein Raubtier aus der Familie der Marder und nachtaktiv. Die Waldtiere haben ein dunkelgraues Fell mit den charakteristischen weissen Streifen. Auch wenn sie ein wenig faul sind, sollte man sie nicht unterschätzen.

3

3

Knuspriger Hogwarts-Brief

MIT FRUCHTIGER ÜBERRASCHUNG

Ca. 7 Stück

Teig

300 g Mehl
30 g Zucker
Salz
1 Ei (Größe M)
220 g kalte Butter

Füllung

7 TL deiner Lieblingskonfitüre

Glasur

100 g weiße Schokolade
etwas rote Lebensmittelfarbe (Pulver)

Außerdem

1 Hogwarts-Siegelstempel

So geht's

Das Mehl mit Zucker und 1 Prise Salz vermischen. Das Ei dazugeben und die Butter in Würfel schneiden. Ebenfalls zur Mehlmischung geben und nun die Masse nur so lange verkneten, bis der Teig zusammenhält. Er sollte sich gut vom Schüsselrand lösen und nicht zu klebrig sein. Den Teig zu einem Ziegel formen, in Frischhaltefolie wickeln und etwa 1 Stunde lang im Kühlschrank ruhen lassen.

Den Ofen auf 180 °C (Umluft) vorheizen. Ein Backblech mit Backpapier auslegen. Den Teig aus dem Kühlschrank nehmen und auf einer leicht bemehlten Fläche dünn ausrollen und in 14 große Vierecke (9 × 7 cm) schneiden. Je 1 TL Konfitüre auf die Hälfte der Teigvierecke geben. Die restlichen Vierecke auflegen, mit den Fingern leicht andrücken und anschließend mit einer Gabel fest zusammendrücken. So läuft während des Backens keine Füllung aus. Mit einem Messerrücken die Briefe dekorieren. Im heißen Ofen (Mitte) für 15–20 Minuten backen. Das Blech aus dem Ofen nehmen und die Hogwarts-Briefe komplett auskühlen lassen.

Um das Hogwarts-Siegel herzustellen, die Schokolade in grobe Stücke brechen und über dem Wasserbad zum Schmelzen bringen. So viel Lebensmittelfarbe einrühren, bis der gewünschte Farbton entstanden ist. Mit etwas Abstand je 1 EL Schokolade auf einen Streifen Backpapier tropfen. Ein Drittel der Schokolade übrig lassen. Mithilfe eines eiskalten Siegelstempels das Zeichen in die Schokokleckse drücken. 5–10 Sekunden darauf stehen lassen und vorsichtig abziehen. Wer keinen Siegelstempel zu Hause hat, kann die Kleckse mit einem Teelöffel zu kleinen Kreisen verstreichen und diese später verwenden. Die Schokoladensiegel aushärten lassen und anschließend vom Backblech abziehen. Die restliche Schokolade erneut schmelzen und auf der Rückseite der Siegel verteilen. Die Siegel auf die Hogwarts-Briefe drücken und festwerden lassen.

Wohin führt der Tunnel unter der peitschenden Weide?

4

4

Geburtstagskuchen

„HAPPEE BIRTHDAE"

1 Torte (Ø 26 cm)

Boden

300 g Mehl
2 TL Backpulver
20 g Backkakao
Salz
1 ½ TL Lebkuchengewürz
250 g weiche Butter
200 g Zucker
4 Eier (Größe M)
150 ml Milch
150 g Schokolade
4 EL Waldbeer-Konfitüre

Himbeercreme

300 g TK-Himbeeren
1 Spritzer Zitronensaft
1 Pck. Vanillezucker
2 TL Speisestärke
250 g weiche Butter
1 TL Vanilleextrakt
150 g Puderzucker
450 g Frischkäse
grüne Lebensmittelfarbe (Pulver)

Außerdem

1 Spritzbeutel mit feiner Lochtülle

So geht's

Den Ofen auf 180 °C (Umluft) vorheizen. Eine Springform (Ø 26 cm) mit Backpapier auskleiden, den Rand einfetten und mit Mehl bestäuben. Für den Teig Mehl, Backpulver, Kakao, 1 Prise Salz und Lebkuchengewürz in einer Schüssel mischen. Butter mit Zucker für 5 Minuten hell-cremig rühren. Eier einzeln hinzufügen und für jeweils 30 Sekunden unterrühren. Milch abwechselnd mit der Mehlmischung zur Butter geben. Schokolade über dem Wasserbad schmelzen, kurz abkühlen lassen und zufügen. Den Teig in die Form füllen und für 45 Minuten (Mitte) backen. Den Kuchen komplett auskühlen lassen, dann herauslösen.

Für die Himbeercreme die Beeren mit Zitronensaft und Vanillezucker in einem Topf aufkochen lassen. Speisestärke mit etwas Wasser anrühren, hinzugeben und gut verrühren. Das Kompott bei schwacher Hitze köcheln lassen, bis es etwas eingedickt ist. Vollständig abkühlen lassen.

In der Zwischenzeit die Butter für 5 Minuten hell-cremig aufschlagen. Vanilleextrakt zugeben und Puderzucker darüber sieben. Für weitere 3 Minuten aufschlagen. Anschließend Frischkäse unterrühren. 100 g Creme in eine separate Schüssel geben. Die grüne Lebensmittelfarbe hinzufügen und so lange verrühren, bis ein schönes Hellgrün entstanden ist. Die Creme in einen Spritzbeutel mit Lochtülle geben und in den Kühlschrank legen. Die restliche Creme mit dem kalten Beerenpüree verrühren.

Den Boden einmal waagerecht durchschneiden. Den ersten Boden auf eine Kuchenplatte legen. Mit 2 EL Konfitüre bestreichen. Anschließend ein Drittel der Creme aufstreichen. Zweiten Boden aufsetzen und mit der restlichen Konfitüre bestreichen. Den Kuchen mit der Himbeercreme einstreichen. Der Kuchen darf gern ein paar Ecken und Kanten haben. Mit der grünen Creme den Schriftzug „Happee Birthdae" daraufschreiben. Zuletzt den typischen Riss in die Oberfläche des Kuchens ziehen.

LÖSUNG: ER FÜHRT IN DIE HEULENDE HÜTTE.

HAPPEE
BIRTHDAE
HARRY

Wie heisst der dreiköpfige Hund, der die Falltür im Verbotenen Flügel bewacht?

5

5

Kürbispasteten

VOM SERVIERWAGEN

16 Stück

Füllung

1 kleiner Hokkaido-Kürbis (ca. 600 g)

1 EL Butter

1 Ei (Größe M)

50 g brauner Zucker

1 ½ TL Pumpkin-Spice

Teig

300 g Mehl

50 g Zucker

Salz

1 Ei (Größe M)

220 g kalte Butter

2 ½ EL Eiswasser

Außerdem

1 Eigelb (Größe M)

1 EL Milch

1 runder Ausstecher (Ø 10 cm, alternativ eine große Tasse oder ein Glas)

So geht's

Zuerst das Kürbispüree für die Füllung herstellen. Hierfür den Kürbis waschen, vierteln und putzen. Die Kürbishälften auf ein mit Backpapier ausgelegtes Backblech geben und im Backofen für 40 Minuten bei 180 °C (Umluft) backen. Aus dem Ofen nehmen und abkühlen lassen. Das Kürbisfleisch mit einem Löffel von der Schale entfernen und in einem hohen Gefäß pürieren. 200 g für die Füllung abwiegen. Das restliche Kürbispüree anderweitig verwenden.

Mehl, Zucker und 1 Prise Salz mit den Händen oder Knethaken des Rührgerätes verkneten. Das Ei dazugeben. Die Butter in Würfel schneiden und ebenfalls zur Mehlmischung geben. Die Masse so lange verkneten, bis ein krümeliger Teig entstanden ist. 2 EL Wasser hinzufügen und weiterkneten, bis der Teig zusammenhält. Der Teig sollte sich gut vom Schüsselrand lösen und nicht zu klebrig sein. Den Teig zu einem Ziegel formen, in Frischhaltefolie wickeln und etwa 1 Stunde im Kühlschrank ruhen lassen.

In der Zwischenzeit die Füllung herstellen. Hierfür die Butter schmelzen. Das Kürbispüree mit der geschmolzenen Butter, Ei, Zucker und Pumpkin Spice aufschlagen.

Ofen auf 180 °C (Umluft) vorheizen. Ein Backblech mit Backpapier auslegen. Den Mürbeteig aus dem Kühlschrank nehmen und auf einer leicht bemehlten Fläche mit einem Nudelholz dünn ausrollen. Mit einem runden Ausstecher Kreise ausstechen. Je 1 EL der Füllung auf den einzelnen Teigkreisen verteilen. Diese mittig umschlagen, die Ränder mit den Fingern leicht andrücken und anschließend mit einer Gabel fest zusammendrücken. So läuft während des Backvorgangs keine Füllung aus. Anschließend das Eigelb und die Milch verquirlen. Die Kürbispasteten mit der Ei-Mischung bestreichen. Im heißen Ofen (Mitte) für ca. 20 Minuten backen. Die Pasteten aus dem Ofen nehmen und komplett auskühlen lassen.

LÖSUNG: SEIN NAME IST FLUFFY.

Das Pumpkin-Spice kann ganz einfach selbst hergestellt werden: 3 TL Zimt mit 2 TL Muskatnuss, 2 TL Ingwerpulver, 1 ½ TL Piment und 1 ½ TL Nelke vermischen.

Die Schlange (Serpens) spielt in der Mythologie eine grosse Rolle. Sie symbolisierte bereits als „Uroboros“ die Schlange, die sich in den eigenen Schwanz beisst, die Ewigkeit. Bis heute ist sie das Symbol für Medizin und Pharmazie.

6

6

Hogwarts-
CUPCAKES

12 Stück

Teig

80 g weiche Butter
120 g Zucker
2 Eier (Größe M)
250 g Mehl
1 ½ TL Backpulver
Salz
180 ml Milch
2 EL Karamellcreme
150 g weiche Karamell-Bonbons
je 12 Schokolinsen in den Farben Rot, Gelb, Grün und Blau

Vanillecreme

200 g Frischkäse
1 TL Vanilleextrakt
120 g weiche Butter
80 g Puderzucker

Außerdem

Muffinform mit 12 Papierförmchen (am besten in den Farben Rot, Gelb, Grün und Blau)
1 Spritzbeutel mit großer Sterntülle

So geht's

Ein Muffinblech mit Papierförmchen auslegen. Den Backofen auf 180 °C (Umluft) vorheizen.

Butter und Zucker für mehrere Minuten cremig rühren. Die Eier einzeln hinzufügen und gut unterrühren. Mehl, Backpulver und 1 Prise Salz in einer separaten Schüssel vermengen.

Die Mehlmischung abwechselnd mit der Milch zum Buttergemisch geben und zu einem homogenen Teig verrühren. Die Karamellcreme ebenfalls kurz unterrühren. Zuletzt die Karamell-Bonbons in kleine Stücke hacken und langsam unterheben.

Die Papierförmchen zu ¾ mit dem Teig füllen. Muffins im heißen Ofen (Mitte) für 15–20 Minuten backen. Nach dem Backen aus dem Ofen nehmen und vollständig auskühlen lassen.

Die Muffins in der Mitte etwas aushöhlen. Das entstandene Loch mit jeweils 3 Schokolinsen in den passenden Häuserfarben füllen.

Für die Creme Frischkäse, Vanilleextrakt und Butter kurz verrühren. Puderzucker darüber sieben und ebenfalls gut unterrühren. Die Vanillecreme in einen Spritzbeutel oder Gefrierbeutel mit Tülle geben und auf die Muffins aufspritzen.

In welcher britischen Stadt beginnt und spielt die Geschichte?

7

7

Zimt-Zucker-

HEXENHÜTE

ca. 30 Stück

Kekse

250 g Mehl

60 g Zucker

1 Pck. Vanillezucker

Salz

1 Ei (Größe M)

120 g kalte Butter

Zimt-Zucker-Mischung

2 EL gemahlener Zimt

2 EL Zucker

Außerdem

1 Eigelb (Größe M)

1 EL Milch

So geht's

Das Mehl mit Zucker, Vanillezucker und 1 Prise Salz in einer großen Schüssel mischen. Das Ei hinzugeben. Die Butter in kleine Stücke schneiden und mit den Händen in die Mehlmischung kneten. Den Teig zu einem Ziegel formen, in Frischhaltefolie einwickeln und für 30 Minuten im Kühlschrank ruhen lassen.

Den Ofen auf 180 °C (Umluft) vorheizen. Ein Backblech mit Backpapier auslegen und beiseitestellen. Den Teig auf einer leicht bemehlten Fläche dünn ausrollen. Mit einem Messer kleine Dreiecke ausschneiden. Diese von der langen Seite etwa ⅓ zur Spitze hin aufrollen. Eigelb und Milch verquirlen und die Kekse damit bepinseln. Zimt und Zucker mischen und über die Hexenhüte streuen. Im heißen Ofen (Mitte) für 12–15 Minuten backen. Auskühlen lassen.

Dazu schmeckt Türchen 18 super!

LÖSUNG: IN LONDON, DER HAUPTSTADT GROSSBRITANNIENS.

Wer lebt verborgen im Wald und kann durch die Spur der Spinnen gefunden werden?

8

8

Spinnentörtchen

AUS DEM VERBOTENEN WALD

3–4 Stück

Teig

100 g Zartbitterschokolade
120 g weiche Butter
100 g Zucker
3 Eier (Größe M)
180 g Mehl
1 ½ TL Backpulver
20 g Backkakao
Salz
50 g Joghurt
80 ml Milch

Creme

250 g Mascarpone
100 g Crème fraîche
100 g Puderzucker
20 g Backkakao
4 Schokoladenkekse mit Vanillefüllung (z. B. Oreos®)

Dekoration

je 50 g weiße und Zartbitterschokolade
4 Schokoladenkekse mit Vanillefüllung (z. B. Oreos®)
8 Zuckeraugen
50 g Fondant in Schwarz

Außerdem

Butter und Mehl für die Form
1 Dessertring (Ø 8 cm)

So geht's

Den Ofen auf 180 °C (Umluft) vorheizen. Den Boden einer Springform mit Backpapier auskleiden. Die Ränder einfetten und mit Mehl bestäuben.

Für den Teig die Schokolade über dem Wasserbad schmelzen. Zum Abkühlen beiseitestellen. Anschließend in einer großen Schüssel Butter und Zucker für mehrere Minuten cremig aufschlagen. Die Eier einzeln unterrühren. In einer weiteren Schüssel das Mehl mit Backpulver, Kakao und 1 Prise Salz vermengen. Die trockenen Zutaten abwechselnd mit Milch und Joghurt zum Buttergemisch geben und verrühren. Zuletzt die flüssige Schokolade einrühren und alles zu einem homogenen Teig verarbeiten. Den Teig in die vorbereitete Springform füllen und im heißen Ofen (Mitte) 25 Minuten backen. Den Kuchen aus dem Ofen nehmen und vollständig abkühlen lassen.

In der Zwischenzeit die Creme zubereiten. Mascarpone und Crème fraîche in einer Schüssel für mehrere Minuten aufschlagen. Puderzucker und Backkakao mischen und über das Mascarponegemisch sieben. Für weitere 2 Minuten verrühren. Die Schokoladenkekse zerkrümeln und unter die Creme heben.

Mit einem Dessertring 6–8 Kreise aus dem Boden ausstechen. Auf dem ersten Kreis etwas Creme verstreichen. Zweiten Boden auflegen und diesen ebenfalls mit Creme bestreichen. Mit den übrigen Kreisen genauso verfahren. Die weiße Schokolade über dem Wasserbad schmelzen. Mit einem Löffel die Schokolade in Fäden durcheinander auf den Törtchen verteilen. Das Ganze mit der Zartbitterschokolade wiederholen. Anschließend auf jedes Törtchen einen Schokoladenkeks geben. Die Zuckeraugen mit etwas geschmolzener Schokolade auf die Kekse drücken. Mit dem Fondant Spinnenbeine formen und um den Keks drapieren. Die Schokolade fest werden lassen.

LÖSUNG: DIE RIESIGE SPINNE ARAGOG.

Statt eines Dessertrings zum Ausstechen kann auch einfach eine große Tasse oder eine Dose verwendet werden.

Der Löwe (Panthera Leo) – stolz und erhobenen Hauptes streift er durch die Savanne. Das in Rudeln lebende Tier ist treu und familienverbunden. Mit seiner Stärke und seinem Mut ist er ein schwerer Gegner für Angreifer.

9
R

9

Brownie-Minz-

TRÜFFEL

30 Stück

150 g Zartbitterschokolade
150 g Butter
4 Eier (Größe M)
180 g Zucker
1 Pck. Vanillezucker
100 g Mehl
Salz
50 g Backkakao
50 g Sahne
4 EL Pfefferminzsirup
100 g Frischkäse

Dekoration

80 g Zartbitterschokolade
4 Zuckerstangen mit Minzgeschmack

Außerdem

Butter und Mehl für die Form

So geht's

Den Ofen auf 180 °C (Umluft) vorheizen. Eine Springform mit Backpapier auskleiden, die Ränder mit Butter einfetten und leicht bemehlen. Die Schokolade in Stücke brechen und zusammen mit der Butter über dem Wasserbad schmelzen. Beiseitestellen und auf Zimmertemperatur abkühlen lassen.

In der Zwischenzeit Eier, Zucker und Vanillezucker cremig aufschlagen. In einer separaten Schüssel Mehl, 1 Prise Salz und Kakao mischen. Zu der Ei-Mischung geben und kurz unterrühren. Möglichst wenig rühren, sonst werden die Brownies zäh. Sahne und Pfefferminzsirup ebenfalls untermengen. Die geschmolzene Schokolade zugeben und verrühren. Den Teig in die vorbereitete Form füllen und für 20–25 Minuten im heißen Ofen (Mitte) backen. Der Teig sollte in der Mitte noch feucht sein. Aus dem Ofen nehmen und komplett auskühlen lassen.

Den Brownie-Teig mit den Händen zerkrümeln und den Frischkäse untermischen. Den Teig zu kleinen Bällchen formen. Die restliche Schokolade über dem Wasserbad schmelzen. Diese mit einem Löffel oder Pinsel auf den Brownie-Trüffeln verteilen. Die Minzstangen zerkleinern und über die geschmolzene Schokolade streuen. Trocknen lassen und genießen.

Die Gemeine Alraune (Mandragora officinarum) ist aus der Familie der Nachtschattengewächse. Das Gewächs mit verästelten Wurzeln und langen Blättern wird häufig für Rituale und Zaubersprüche verwendet.

10

10

Alraunen-
DESSERT

6–8 Stück

Streusel
120 g weiche Butter
100 g brauner Zucker
200 g Dinkelmehl
50 g gehackte Mandeln
1 Prise Salz
2 TL gemahlener Zimt

Ofenpflaumen
4 Eierpflaumen
3 Kardamomkapseln
1 EL Zucker
1 Zimtstange
1 EL Honig

Creme
200 g Sahne
150 g Frischkäse
150 g Mascarpone
2 TL Zitronensaft
3 EL Zucker
1 TL Vanilleextrakt

Dekoration
250 g Fondant in Beige
100 g Fondant in Grün

Außerdem
6–8 Gläser (à 220 ml)

So geht's

Den Ofen auf 180 °C (Umluft) vorheizen. Ein Backblech mit Backpapier auslegen und beiseitestellen. Die Zutaten für die Streusel mit den Händen verkneten und die Streusel auf dem Blech verteilen. Für ca. 15 Minuten (Mitte) knusprig backen. Die Streusel komplett auskühlen lassen.

In der Zwischenzeit die Pflaumen zubereiten. Die Pflaumen waschen, vierteln, entkernen und mit den Schnittflächen nach oben in eine Auflaufform geben. Die Samen aus den Kardamomkapseln lösen und klein mörsern. Anschließend mit dem Zucker vermischen und über die Pflaumen streuen. Die Zimtstange ebenfalls in die Auflaufform geben und den Honig über den Pflaumen verteilen. Im heißen Ofen (Mitte) für ca. 25 Minuten backen. Die Pflaumen nach dem Backen etwas abkühlen lassen.

Für die Creme die Sahne steif schlagen und bis zur Verwendung im Kühlschrank kühlen. Die übrigen Zutaten cremig verrühren. Dann die Sahne vorsichtig unterheben.

Die Dessertgläser bereitstellen. Zuerst mit einem Drittel der Streusel den Boden der Gläser bedecken. Die Hälfte der Creme und der Pflaumen darauf verteilen. Noch einmal in derselben Reihenfolge schichten. Mit den übrigen Streuseln abschließen.

Aus dem Fondant kleine Köpfe und Blätter formen und diese auf die Streuselerde setzen.

Wie löscht sich die Karte des Rumtreibers?

11

11

Schlaftrank-Muffins

FÜR MISSETATEN

12 Stück

Teig

220 g Mehl
1 EL Backpulver
Salz
100 g Butter
170 g Zucker
1 TL Vanillezucker
1 TL Vanilleextrakt
2 Eier (Größe M)
80 g Joghurt
80 ml Milch

Glasur

100 g Zartbitterkuvertüre
6 EL Schokoladenstreusel

Außerdem

Muffinform mit 12 Papierförmchen

So geht's

Den Ofen auf 180 °C (Umluft) vorheizen. Ein Muffinblech mit Papierförmchen auslegen. Mehl, Backpulver und 1 Prise Salz in einer Schüssel mischen und beiseitestellen. In einer weiteren Schüssel Butter, Zucker, Vanillezucker und -extrakt cremig aufschlagen. Die Eier einzeln unterrühren. Nun die Mehlmischung abwechselnd mit der Milch hinzufügen und kurz verrühren. Den Joghurt unterheben.

Den Teig auf die Förmchen verteilen und im heißen Ofen (Mitte) für 20–25 Minuten backen. Etwa 5 Minuten abkühlen lassen. Dann die Muffins aus der Form nehmen und komplett auskühlen lassen.

Für die Glasur die Kuvertüre über dem Wasserbad schmelzen. Die Muffins mit der Oberseite in die Kuvertüre tauchen und anschließend mit den Schokoladenstreuseln dekorieren. Die Glasur fest werden lassen.

LÖSUNG: DURCH DIE BERÜHRUNG DES ZAUBERSTABS UND DEN SPRUCH: „MISSETAT BEGANGEN!“

Wie viele Kinder gehören zur Familie Weasley?

12

12

Weasleys zauberhafte
ZAUBERNÜSSE

ca. 500 g

1 Eiweiß (Größe M)
150 g Pekannusskerne
150 g Mandeln
150 g Haselnusskerne
50 g Kürbiskerne
80 g Zucker
Salz
3 EL gemahlener Zimt
2 TL gemahlener Ingwer
1 ½ TL gemahlene Muskatnuss
1 ½ TL gemahlener Piment
1 TL gemahlene Nelken

So geht's

Den Ofen auf 120 °C (Umluft) vorheizen. Ein Backblech mit Backpapier auslegen und beiseitestellen. Das Eiweiß mit 1 TL Wasser aufschlagen. Die Nüsse, Mandeln und Kerne dazugeben und unterheben, bis alles rundherum bedeckt ist. Zucker, 1 Prise Salz und die Gewürze zugeben. So lange verrühren, bis sich alles gut vermischt hat.

Die Nussmischung auf dem vorbereiteten Backblech verteilen und für 45 Minuten im Ofen backen. Dabei alle 15 Minuten umrühren. Die Nussmischung im Anschluss auf dem Backblech trocknen und abkühlen lassen. Die würzigen Zaubernüsse luftdicht aufbewahren.

LÖSUNG: ES SIND 7 KINDER.

Wo leben die Weasleys?

13

13

Mrs. Weasleys

KÜRBIS-PANCAKES MIT AHORNBUTTER

10 Stück

Pancakes

1 Hokkaido-Kürbis (ca. 600 g)
200 g Mehl
1 ½ TL Backpulver
3 EL Zucker
Salz
1 Ei (Größe M)
1 TL gemahlener Zimt
¼ TL gemahlene Muskatnuss
150 ml Milch
50 g Schokoladen-tröpfchen
Pekannusskerne (nach Belieben)

Ahornbutter

4 EL Butter
4 EL Ahornsirup

Außerdem

geschmacksneutrales Öl zum Ausbacken

So geht's

Für das Kürbispüree den Kürbis waschen, vierteln, die Kerne ausschaben und den Kürbis auf ein mit Backpapier ausgelegtes Backblech geben. Im Ofen bei 180 °C (Umluft) für ca. 40 Minuten backen. Den Kürbis aus dem Ofen nehmen und abkühlen lassen. Das Kürbisfleisch mit einem Löffel von der Schale lösen, in ein hohes Gefäß geben und pürieren. 150 g Püree beiseitestellen. Das übrige Püree kann anderweitig verwendet werden.

Mehl, Backpulver, Zucker und 1 Prise Salz in einer Schüssel vermengen. In einer weiteren Schüssel das Kürbispüree mit dem Ei und den Gewürzen verrühren. Die Mehlmischung dazugeben und kurz unterrühren. Die Milch nach und nach zugeben, bis ein homogener Teig entstanden ist. Zuletzt die Schokoladendrops unterheben.

Etwas Öl in eine Pfanne geben und die Pancakes darin bei mittlerer Hitze portionsweise ausbacken. Die fertigen Pancakes im Ofen warmhalten.

Für die Ahornbutter die Butter zusammen mit dem Ahornsirup in einen kleinen Topf geben und zum Kochen bringen. Die Hitze reduzieren und die Mischung etwa 3–5 Minuten köcheln lassen. Vom Herd nehmen und mit einem Handmixer für 2 Minuten aufschlagen, bis die Butter cremig wird. Über die Pancakes geben und diese nach Belieben mit Nüssen garnieren.

LÖSUNG: IM FUCHSBAU.

Die Träne welches Tieres besitzt Heilkräfte und hilft sogar gegen Basiliskengift?

14

14

Butterscotch-
POPCORN

ca. 500 g

Popcorn
1 EL Pflanzenöl
80 g Popcornmais
1 ½ TL Salz
2 EL Butter
(alternativ 1 Packung Popcornmais für die Mikrowelle (salzig))

Butterscotchsauce
80 g Butter
150 g brauner Zucker
120 ml Sahne
½ TL Vanilleextrakt
Meersalz

So geht's

Öl in einen Topf geben und den Popcornmais dazugeben. Den Topf auf den Herd stellen und bei mittlerer Hitze unter Rütteln zugedeckt erhitzen, bis alle Körner aufgepoppt sind. Das Salz und die Butter zugeben und gut untermischen. Alternativ den Popcornmais nach Packungsanweisung in der Mikrowelle zubereiten.

Für die Butterscotchsauce die Butter mit dem Zucker in einem kleinen Topf bei mittlerer Temperatur schmelzen lassen. Wenn sich der Zucker aufgelöst hat, die Sahne zugeben und aufkochen lassen. Die Hitze reduzieren und für 5–7 Minuten köcheln lassen. Den Topf vom Herd ziehen und Vanille und 1 Prise Salz unterrühren. Butterscotch etwas abkühlen lassen und über das Popcorn gießen.

Die Butterscotchsauce kann auch gern zu Kuchen und Co. serviert werden.

LÖSUNG: DIE TRÄNEN EINES PHÖNIXES HEILEN JEDE VERLETZUNG.

Welches Omen wird mit dem Grimm verbunden?

15

15

Kalter Sirius

MIT POPCORN

12 Portionen

400 g Vollmilchkuvertüre
200 g Zartbitterkuvertüre
200 g Kokosfett
200 g Sahne
200 g Butterkekse
1 Handvoll Popcorn (ca. 10 g)

Außerdem

Frischhaltefolie
Kastenkuchenform (25 × 11 cm)

So geht's

Die Kuvertüre klein hacken und mit dem Kokosfett über einem heißen Wasserbad schmelzen. Die Sahne unterrühren und alles zu einer homogenen Masse verrühren.

Eine Kastenkuchenform leicht mit Butter einpinseln und mit Frischhaltefolie auslegen. So viel Schokomasse in die Form gießen, bis der Boden vollständig bedeckt ist. Anschließend eine Schicht Butterkekse darauf verteilen und mit der Schokolade dünn begießen, bis diese nicht mehr zu sehen sind. Erneut eine Schicht Butterkekse einlegen und mit der Schokolade übergießen.

Danach das Popcorn hineingeben und auch diese Schicht mit Schokolade auffüllen. Zwei weitere Schichten von Butterkeksen und Schokolade hineingeben. Die letzte Schokoladenschicht glatt streichen. Für mindestens 5 Stunden im Kühlschrank fest werden lassen. Mit Popcorn und gehackter Schokolade dekorieren.

Lösung: Er soll den Tod bringen.

Probiere doch einmal das Butterbier-Popcorn aus Türchen 14 als Füllung aus!

Was befreit Hauselfen aus der Sklaverei?

16

16

Kesselkuchen
VOM SERVIERWAGEN

12 Stück

Boden
150 g Zartbitterschokolade
300 g Mehl
50 g Backkakao
1 TL Backpulver
½ TL Natron
Salz
100 g Butter
200 g Zucker
3 Eier (Größe M)
260 ml Milch

Creme
200 g weiche Butter
Mark von ½ Vanilleschote
150 g Puderzucker
150 g Pistaziencreme
250 g Frischkäse

Dekoration
gehackte Pistazienkerne
grüne Zuckerstreusel

Außerdem
Muffinform
12 Papierförmchen
1 Spritzbeutel mit Sterntülle

So geht's

Ofen auf 180 °C (Umluft) vorheizen. Eine Muffinform mit Papierförmchen auslegen.

Die Zartbitterschokolade über einem heißen Wasserbad zum Schmelzen bringen und auf Raumtemperatur abkühlen lassen. Mehl mit Kakao, Backpulver, Natron und 1 Prise Salz in einer Schüssel mischen und beiseitestellen. Die Butter mit dem Zucker für mehrere Minuten cremig rühren. Die Eier nacheinander zugeben und ebenfalls unterrühren. Die Milch abwechselnd mit der Mehlmischung zur Eier-Butter geben und zu einem homogenen Teig verrühren. Die geschmolzene Schokolade zugeben und untermengen.

Den Teig in die Muffinförmchen füllen und im heißen Ofen (Mitte) für 18–20 Minuten backen. Aus dem Ofen nehmen und abkühlen lassen.

Für die Creme Butter für 7 Minuten hell-cremig aufschlagen. Anschließend das Vanillemark hinzugeben und den Puderzucker darüber sieben. Nun die Pistaziencreme zufügen und für einige Minuten weiter aufschlagen. Zuletzt den Frischkäse zugeben und nochmals kurz unterrühren.

Die Schokoladenküchlein von den Papierförmchen befreien. Die Oberseite leicht mit einem Messer begradigen und die Kuchen mit der oberen Seite nach unten aufstellen. Die Kuchen in der Mitte etwas aushöhlen. Dies funktioniert am besten mit der Tülle. Das entstandene Loch mit der Pistaziencreme füllen. Die restliche Creme in einen Spritzbeutel mit großer Sterntülle füllen und auf die Küchlein aufspritzen. Mit Pistazienkernen und Zuckerstreuseln garnieren.

Lösung: Das Geschenk eines Kleidungsstücks.

Wer oder was ist ein Portschlüssel?

17

17

Butterbier-

FUDGE

32 Stück

50 g weiße Kuvertüre
220 g Zucker
50 g flüssiger Honig
250 g Sahne
30 g Butter
½ Fläschchen Butter-Vanille-Aroma
1 Handvoll Nusskerne (z. B. deine Lieblingsnüsse wie Mandeln, Haselnuss-, Cashew- oder Walnusskerne)

Außerdem

Kastenkuchenform (25 x 11 cm)

So geht's

Eine Kastenform mit Butter einfetten und mit Frischhaltefolie auskleiden. Die Kuvertüre grob hacken. Zucker, Honig, Sahne und Butter in einen hohen Topf geben und aufkochen. Unter gelegentlichem Rühren für ca. 40 Minuten bei schwacher bis mittlerer Hitze einkochen lassen. Die Masse sollte ein sattes Braun angenommen und eine dicke Konsistenz haben.

Sobald die Fudgemasse fertig ist, den Topf vom Herd ziehen und das Butter-Vanille-Aroma zugeben. Die gehackte Kuvertüre mit einem Schneebesen unterziehen. Die Masse sofort in die vorbereitete Form füllen und gleichmäßig verstreichen. Die Nüsse grob hacken und das Fudge damit bestreuen.

Im Kühlschrank für ca. 3 Stunden komplett auskühlen lassen. Das Butterbier-Fudge im Anschluss von der Folie lösen und mit einem scharfen Messer in ca. 2,5 cm große Würfel schneiden.

LÖSUNG: EIN VERZAUBERTER GEGENSTAND, DER AN EINEN BESTIMMTEN ORT TELEPORTIERT.

Für das Topping Weasleys zauberhafte Zaubernüsse verwenden. (siehe Türchen 12)

Wer oder was dringt an Halloween ins Schloss ein?

18

18

Butterbier-Schokolade

HEISS UND SÜSS

2 Tassen

200 g Sahne
200 ml Milch
20 g Ahornsirup
Salz
½ Vanilleschote
80 g dunkle Schokolade mit Karamellgeschmack
1 EL Butterscotch-Sirup

Dekoration

Schlagsahne, Zimt und Muskat zum Garnieren

So geht's

Sahne, Milch, Ahornsirup und 1 Prise Salz in einen großen Topf geben. Die Vanilleschote längs einschneiden und das Mark herauskratzen. Vanillemark und Schote in den Topf geben. Die Mischung aufkochen lassen und dann vom Herd ziehen. Anschließend die Vanilleschote entfernen.

Die Schokolade grob hacken. Den Sirup und die Schokolade zugeben und solange unterrühren, bis eine homogene Masse entstanden ist. Sahne für das Topping aufschlagen. Die heiße Schokolade in zwei Tassen füllen. Mit Sahne toppen und mit Zimt und Muskat leicht bestäuben.

LÖSUNG: EIN BERGTROLL.

Welchen Beruf üben Hermines Eltern aus?

19

19

Hexenbesen

MIT ERDNUSS UND SCHOKOLADE

25 Stück

150 g Zartbitterschokolade
150 g Vollmilchschokolade
80 g Erdnusscreme mit Stücken
10 g Puderzucker
1 Pck. Vanillezucker
100 g weiße Schokolade
1 TL rote Lebensmittelfarbe (Pulver)
25 Salzstangen (Sesam)

Außerdem

25 Mini-Muffin-Papierförmchen
1 Spritzbeutel mit Lochtülle

So geht's

Die Mini-Muffin-Papierförmchen auf einem Tablett oder einer Kuchenplatte verteilen. Die Zartbitter- und Vollmilchschokolade über dem Wasserbad schmelzen. Jeweils 1 TL der geschmolzenen Schokolade auf die Förmchen verteilen, sodass der Boden bedeckt ist. Für 15 Minuten im Kühlschrank fest werden lassen.

In der Zwischenzeit die Erdnusscreme über dem Wasserbad schmelzen. Puderzucker und Vanillezucker einrühren. Die Erdnusscrememasse in einen Spritzbeutel mit Lochtülle geben und auf die festgewordene Schokolade spritzen. Dabei Platz zum Rand lassen. Mit der restlichen Schokolade übergießen und für 2 Stunden im Kühlschrank festwerden lassen.

Die Papierförmchen entfernen und die Schokoladencups mit der breiten Seite nach unten aufstellen. Die weiße Schokolade über dem Wasserbad schmelzen. Die Lebensmittelfarbe einrühren. Mit einem Teelöffel einen Klecks der geschmolzenen Schokolade auf den Cups verteilen. Jeweils 1 Salzstange in die übriggebliebene Schokolade tauchen und leicht in die Cups hineindrücken. Festwerden lassen.

LÖSUNG: SIE SIND ZAHNÄRZTE.

Statt einem Spritzbeutel kann einfach ein Gefrierbeutel verwendet werden. Von diesem eine kleine Ecke abschneiden, um die Spritztülle anzubringen.

Der Rabe (Corvus) ist ein intelligentes Tier, lernfähig und schlau. Er kann sich Orte, Menschen und Geschehnisse merken und wiedererkennen. In der Mythologie gilt er als Bringer von Weissheit und Intelligenz.

20

20

Earl-Grey-Scones

MIT ORANGENMARMELADE

6 Stück

Orangenmarmelade

8 Bio-Orangen (ca. 1,5 kg)
50 g frischer Ingwer
Saft von ½ Zitrone
500 g Gelierzucker 2:1

Scones

½ Vanilleschote
200 g Sahne
3 Teebeutel Earl-Grey-Tee
400 g Mehl
100 g Zucker
1 ½ TL Backpulver
1 Pck. Vanillezucker
1 Prise Salz
120 g kalte Butter
1 Ei (Größe M)
abgeriebene Schale von ½ Bio-Zitrone

Außerdem

3 sterile Gläser (á ca. 300–400 ml)

So geht's

Die Orangen heiß waschen und abtrocknen. Die Schale von 4 Orangen abreiben. Dabei darauf achten, keine weiße Haut abzureiben, damit die Marmelade nicht bitter wird. Anschließend alle Orangen komplett schälen, das Fruchtfleisch klein schneiden und pürieren. Ingwer schälen und fein reiben. Ingwer, Zitronensaft und Orangenabrieb zufügen. 1 kg des Orangenpürees abwiegen, mit dem Gelierzucker in einem großen Topf mischen und unter Rühren zum Kochen bringen. Bei starker Hitze unter Rühren 4 Minuten sprudelnd kochen lassen. Anschließend die Marmelade sofort in sterile Gläser füllen und fest verschließen.

Den Ofen auf 200 °C (Ober- und Unterhitze) vorheizen. Ein Backblech mit Backpapier auslegen und beiseitestellen. Die Vanilleschote aufschneiden und das Mark auskratzen. Die Sahne mit dem Vanillemark und der Schote in einen Topf geben und aufkochen lassen. Den Topf vom Herd ziehen und die Teebeutel hineingeben. Für 15 Minuten ziehen lassen. Anschließend die Vanilleschote herausnehmen. Die Teebeutel ein wenig ausdrücken und entfernen.

In der Zwischenzeit die trockenen Zutaten in einer Schüssel gut miteinander vermischen. Die Butter in Stücke schneiden und so mit den Händen einarbeiten, dass noch kleine Stücke zu sehen sind und eine bröselige Masse entsteht. Das Ei und die Sahnemischung zur Mehlmischung geben und unterkneten. Den Teig dabei nur so lange bearbeiten, bis alles miteinander verbunden ist. Den Teig auf eine bemehlte Arbeitsfläche geben und noch einmal durchkneten, bis er sich gut von der Arbeitsfläche lösen lässt. Dann den Teig zu einer dicken, runden Scheibe formen (ca. Ø 20) und mit einem Messer in 6 Stücke schneiden. Diese mit ein wenig Abstand zueinander auf das Backblech legen. Im heißen Ofen (Mitte) für 18–20 Minuten backen. Lauwarm abkühlen lassen und mit der Marmelade genießen.

Die Scones können zum Nachmittagskaffee mit Schmand und der Orangenmarmelade serviert werden. So würden sie Professor Trelawney sicher auch am besten schmecken.

Wie sucht man sich seinen Zauberstab aus?

21

21

Saftige
SIRUPTÖRTCHEN

8 Stück

Teig
400 g Mehl
Salz
50 g Zucker
180 g kalte Butter

Füllung
1 Bio-Zitrone
380 g Karamellsirup
6 Scheiben frisches Weißbrot vom Bäcker (ca. 80 g)
3 EL Sahne
1 Ei (Größe M)

Außerdem
8 Tartelette-Förmchen (Ø 10 cm)
8 Kugeln deines Lieblingseises (z. B. Schokolade, Nuss oder Stracciatella)

So geht's

Für den Teig das Mehl mit 1 Prise Salz und dem Zucker in einer großen Schüssel vermischen. Die kalte Butter in kleine Stücke schneiden und hinzugeben. Die Butter mit den Händen zügig unter die Mehlmischung kneten, bis sie einigermaßen gut eingearbeitet ist. Anschließend 100 ml kaltes Wasser hinzugeben und so lange verkneten, bis ein homogener Teig entstanden ist. Den Teig teilen, zu zwei Ziegeln formen und in Frischhaltefolie einwickeln. Im Kühlschrank für 30 Minuten ruhen lassen.

Für die Füllung die Zitrone heiß waschen und die Schale abreiben. Anschließend die Zitrone halbieren und den Saft auspressen. Zitronensaft und -abrieb mit dem Karamellsirup in einen Topf geben. Bei mittlerer Hitze erhitzen, bis der Sirup sehr flüssig geworden ist. Das Brot in kleine Stücke schneiden und unterrühren. Das Brotgemisch für 5 Minuten abkühlen lassen. Die Sahne und das Ei in eine kleine Schüssel geben und mit einer Gabel verquirlen. Die Sahnemischung zur Füllung geben und gut unterrühren. Beiseitestellen.

Den Ofen auf 180 °C (Ober-/Unterhitze) vorheizen. Die Tartelette-Förmchen mit etwas Butter einfetten. Den ersten Teigziegel auf einer bemehlten Arbeitsfläche ausrollen. 8 Teigkreise ausschneiden, in die vorbereiteten Förmchen legen und leicht andrücken. Den überstehenden Teig mit einem Messer abschneiden. Die Teigböden mit einer Gabel einstechen. Die Sirupfüllung auf die Böden geben. Anschließend den zweiten Teigziegel auf der bemehlten Fläche dünn ausrollen und in ca. 1–2 cm schmale Streifen schneiden. Die Törtchen mit den Teigstreifen dekorieren und im heißen Ofen (Mitte) für 35–40 Minuten backen. Leicht auskühlen lassen und mit einer Kugel deines Lieblingseises servieren.

LÖSUNG: GAR NICHT! DER ZAUBERSTAB SUCHT SICH SEINEN BESITZER SELBST AUS.

Wer lebt im Grossen See?

22

22

Fruchtiges

BRATAPFELEIS

ca. 1 Liter

Bratäpfel

3 Äpfel
2 TL Zitronensaft
1 EL geschmolzene Butter
50 g brauner Zucker
1 TL gemahlener Zimt
1 Msp. gemahlene Muskatnuss
1 Msp. gemahlener Kardamom
1 Msp. gemahlener Sternanis

Eis

300 g Joghurt
200 ml Milch
1 Pck. Vanillezucker
100 g Zucker
Salz
200 g Sahne

Außerdem

Eismaschine

So geht's

Zuerst die Bratapfelstücke zubereiten. Hierfür den Ofen auf 180 °C (Umluft) vorheizen. Die Äpfel waschen, entkernen und in kleine Würfel schneiden. Mit Zitronensaft, geschmolzener Butter, Zucker und Gewürzen vermengen. Die Apfelwürfel in eine Auflaufform füllen und für 30 Minuten im Ofen backen. Die Äpfel in ein Sieb geben, damit die überschüssige Flüssigkeit abtropfen kann, und dann vollständig abkühlen lassen.

Für die Eismasse den Joghurt zusammen mit der Milch, Vanillezucker, Zucker und 1 Prise Salz in eine Schüssel geben und verrühren. Die Sahne steif schlagen und unter die Joghurtmasse heben. Die Mischung in die Eismaschine geben und ca. 20–25 Minuten gefrieren lassen. Nach der Hälfte der Zeit die gebackenen Apfelstücke dazugeben. Das Eis am besten sofort genießen.

LÖSUNG: WASSERMENSCHEN, RIESENKRAKEN UND GRINDELOHS.

Das Eis kann auch ohne Eismaschine hergestellt werden. Hierfür die Eismasse in ein luftdichtes Gefäß geben und für mindestens 4 Stunden in den Gefrierschrank geben. Zwischendurch immer wieder umrühren, damit keine Eiskristalle entstehen.

WIE BEGRÜSST MAN EINEN HIPPOGREIF?

23

23

Süß-saure

ZITRONENCREME

4 Portionen

4 Blatt Gelatine
4 Eier (Größe M)
Salz
4 EL Zucker
2 kleine Bio-Zitronen
100 g Joghurt
100 g Sahne
essbare Blüten oder Zitronenmelisse (zum Garnieren)

Außerdem

4 Dessertgläser (á ca. 220 ml)

So geht's

Die Gelatine in kaltem Wasser einweichen. Die Eier trennen. Das Eiweiß mit 1 Prise Salz steif schlagen und kalt stellen. Eigelb mit dem Zucker aufschlagen. Die Zitronen heiß waschen und die Schale abreiben. Anschließend halbieren und mithilfe einer Zitronenpresse den Saft auspressen. Zitronensaft und -abrieb zur Eigelbmischung geben und gut verrühren.

Die tropfnasse Gelatine in einem Topf bei geringer Hitze auflösen und 2 EL der Zitronenmasse zum Angleichen hinzufügen. Gelatinemix vollständig zurück zur Zitronenmasse geben und gut verrühren. Den Joghurt unterrühren. Zuletzt die Sahne steif schlagen. Sobald die Zitronenmasse zu gelieren beginnt, erst die Sahne und anschließend das Eiweiß unterheben. Für 4 Stunden in den Kühlschrank geben. Vor dem Servieren mit Zitronenmelisse oder Blüten garnieren.

LÖSUNG: DURCH EINE HÖFLICHE VERBEUGUNG UND STREICHELN DES SCHNABELS.

Was bekam Harry zum ersten Weihnachtsfest in Hogwarts?

24

24

Mrs. Weasleys

WEIHNACHTLICHER FRÜCHTEKUCHEN

1 Kuchen (Ø 26 cm)

Teig

je 50 g getrocknete Aprikosen, Feigen und Cranberrys

1 TL Vanilleextrakt

100 ml Orangensaft

150 g Mehl

1 TL Backpulver

Salz

1 TL gemahlener Zimt

½ TL gemahlener Kardamom

je 100 g Mandeln, Pekannuss- und Walnusskerne

100 g weiche Butter

100 g brauner Zucker

2 Eier (Größe M)

50 ml Milch

Dekoration

je 1 Handvoll getrocknete Feigen, Aprikosen und Cranberrys

je 20 g Mandeln, Pekannuss- und Walnusskerne

2 EL Honig

Außerdem

Butter und Mehl für die Form

So geht's

Aprikosen und Feigen grob hacken und zusammen mit den Cranberrys, Vanille und Orangensaft in eine Schüssel geben. Für etwa 1 Stunde einweichen lassen. Die Früchte anschließend in ein Sieb geben und den Orangensaft abgießen.

Den Ofen auf 160 °C (Umluft) vorheizen. Den Rand einer Springform (Ø 26 cm) einfetten, bemehlen und den Boden mit Backpapier auskleiden.

Das Mehl mit Backpulver, 1 Prise Salz, Zimt und Kardamom in einer Schüssel mischen. Die Nüsse und Mandeln fein hacken, zugeben und unterrühren. Butter und Zucker in einer separaten Schüssel 3 Minuten cremig rühren. Die Eier einzeln untermischen. Zuerst die eingeweichten Früchte, dann die Mehl-Nuss-Mischung unterheben. Die Milch zugeben und alles kurz verrühren.

Den Teig in die vorbereitete Form füllen und glatt streichen. Im Ofen (Mitte) für 30–35 Minuten backen. Aus dem Ofen nehmen und vollständig abkühlen lassen. Die Trockenfrüchte, Nüsse und Mandeln für den Belag grob hacken und auf dem Kuchen verteilen. Den Kuchen vor dem Servieren mit Honig beträufeln.

LÖSUNG: DEN TARNUMHANG SEINES VATERS.

8

11